# 이정표

빛나는 시 100인선 · 097

# 이정표

최은희 시집

인간과문학사

● 시인의 말 ●

아침을 깨우기 위해 로스팅된 커피콩을 갈아 본다.
분쇄기 핸들을 돌릴 때마다 커피 향이 벌써 코끝을 자극한다.
곱게 갈린 커피 가루를 여과지에 담아 뜨거운 물을 붓고 커피를 내린다.

내게 시는 커피와 같다.
아직은 깊이 있는 그윽한 작품은 아니더라도 여과지를 통해 내 삶이 걸러내 지고, 나만의 향기 나는 삶을 꿈꾸며 산다.

커피 한 잔을 만들어 내기 위해 여러 과정이 필요하듯 내게 시도 그러했다.
그저 스쳐 지나칠 일상 중에 의미를 두고 관찰하고 생각하며 나만의 향을 찾아 나섰다.

커피의 농도는 내리는 사람마다 다르고, 또 개인의 취향에 따라 그 맛을 달리 선택하기도 한다.

아직은 농도 진한 에스프레소이기보다는 물의 비중이 더 많은 아메리카노 같은 내 문학 여정이다.
분명 커피의 향은 살아 있고 그 맛도 커피이듯 부족한 내 시도 그러할 터다.

연약함을 딛고 견디게 해주신 하나님,
오래전 에세이로 등단할 때 지도해 주시고, 변함없는 관심과 가르침을 주시는 유한근 교수님과 다정다감하게 토닥여 주며 감정선을 이끌어 주신 이명진 교수님께 감사드린다.

더불어 늘 용기를 주고 앞서서 열심히 활동하고 있는 문학 스케치 선후배에게도 감사 전한다. 그리고 항상 내 건강을 챙겨주며 안부를 묻고 기도해 준 가족과 지인들과 친구들에게 고마운 마음 올린다.

커피의 농도를 조절하듯 감정선을 잘 이끌어내 멋진 시로 승화시킬 수 있는 따뜻한 시인이 되어 보리라.

2025년 꿈짱 최은희

빛나는 시 100인선 · 097

# 차례

시인의 말 - 5

## 1부 틈타고 스민 계절

반가운 손님 - 12
매화 향기 - 15
벚꽃 - 16
목련 나무 - 18
그렇게 - 20
늦은 눈 - 21
그랬지 - 22
가을 하늘 - 23
가을엔 - 24
겨울 - 26
희망 - 28
수선화 - 29
겨울 바다 - 30
가을 나무 - 32
겨울아 - 33

## 2부 괜찮은 오늘

나들이 - 36
오월 나눔 - 38
일상 - 40
수다 - 42
연말 풍경 - 43
그래 - 44
12월의 비상 계엄령 - 45
이 겨울의 울림 - 46
울타리 - 48
멋진 국민 - 50
열애 중 - 52
소풍 길 친구들 - 53
모두의 기쁨 - 54
낙서 - 56
불면증 - 58

빛나는 시 100인선 · 097

## 3부 꿈꾸는 나에게

이정표 - 60
주님은 - 62
광야의 별빛 - 64
고백 - 66
감사와 기쁨 - 68
꽃인 줄 알았는데 - 70
주님 마음 - 72
기도 - 74
빌린 시간 - 75
골고다 언덕 - 76
주 찬양 - 78
변화 - 80
나의 하루 - 82
지금 - 84
산책 - 86
천국 - 88

## 4부 사랑의 톱니바퀴

여름 쉼표 - 90
내 어머니 - 92
동행 - 94
아름다운 사람아 - 96
어머니 - 98
남겨진 금가락지 - 99
꿈 찾아 나선 길 - 100
정 - 102
선물 - 103
병문안 - 104
연인 - 105
내겐 - 106
노란 꿈 - 108

## 5부 행복 품은 맛

겨울 딸기 - 112

호박죽 - 113

김장 - 114

뱅쑈 - 116

추설 - 118

겨울밤 - 119

봄 - 120

가랑비 - 121

춘설 - 122

봄맞이 - 123

벚꽃 나무 아래 - 124

칼바람 - 126

시 - 127

몽돌 - 128

짝사랑 - 130

재물 - 132

짐 - 133

마음의 창 - 134

추억 - 136

**최은희 시인의 시 세계**

독자를 행복하게 해주는 영성시 _유한근 (문학평론가 · 전 SCAU 교수) - 137

## 제1부

# 틈타고 스민 계절

## 반가운 손님

추적추적
끊이지 않고 내리네
그 소리 자장가 삼아 쿨쿨
빼꼼히 열린 창문
들어온 싸늘함에
깨어버린 잠

지리하게 무덥던 여름
하룻밤 사이
떨어져 버린 기온
은근 설렘으로
온
계절

무겁게 눌러앉았던
찜통더위
입추 지난 지 언제인데
어제까지 힘들게 하더니
이제야 떠나는구나

잘 가거라

가는 여름 아쉽지 않긴
60평생 처음

어서 오니라
아름다움 뽐내 주거라
솔솔 불어
상큼한 바람
딱 좋은 목울대

지리한 여름 탓에
더없이 반갑구나

어서 오니라
그리움 안고
기다렸단다
쨍하고 눈부시게
머물다 가렴

촉촉하게
데려온 짧은 가을
웃음 띤 얼굴로
손뼉 치며 환영하네.

# 매화 향기

꽃의 향연을
알리는
축제 시작

덜 피어
있어도
더 피어
있어도

우리는
광양에 가리
너희를 만나러

그윽한 향기
흠뻑 스민 채
보내리 지나가리
오늘 하루.

# 벚꽃

부지런히 챙긴 아침 끼니
와플과 아메리카노

꽃비 찾아 나선 길
나직이 부는
부드러운 바람 소리

꽃물결 나긋나긋
천지 빛깔 축제 향연
그 가운데 우리 있네

사월 따스한 어느 날
한없이 날리는
연분홍 꽃비

여한 없이 피었다
잎으로 흩날리니
봄눈 맞는 여인들

짧았던 청춘
봄날처럼 익어가네.

## 목련 나무

달빛
조용히
스며든 밤

명주 치마 휘감은 네 모습
그 빛 잔잔히 머금고
밝게 연 하얀 꽃잎

어둠 속
피어나는
은빛 속삭임

달은
꽃잎 위로 내려앉고
향기는
달을 품어 안네

밤
깊어질수록

가냘프게 흔들리는
잎 없는 나무

하늘에 걸린 작은 달 따다
주렁주렁 매달았네.

# 그렇게

바람 마음
구름은 알까?

구름 마음
바람은 알까?

쪽빛 하늘
지나가니

여름은 가고
가을과 함께
너도 왔네.

## 늦은 눈

계절 잃은 하얀 가루
눈치 없이 휘날리네

만개한 여린 노란 산수유
하얗게 덮는 무심함

앙칼진 동장군
찬바람만 휘잉

겨울의 끝자락
소담스레 쌓인 아쉬움

전해져 온
봄소식

소년의 눈물처럼
이내 흘러내리네.

# 그랬지


가을 끝자락
닫아버린 창
찬바람에
흩어진 나뭇잎

변심한
늦가을 비
하얀 눈으로
소복소복

역전 시계탑 아래
빛바랜 약속
떠올려진 추억

첫눈 내린 오늘
그리움 고여 들고
그때 그 시절처럼
첫사랑 생각나네.

## 가을 하늘


연파랑 도화지
양떼구름 어우러져
몽글몽글 퍼져가는 평화로움


나무들
불그레한 얼굴로 춤추고
수줍은 코스모스 미소

세상살이 근심 걱정
안고 가는 청량한 바람
온통 낭만 가득 넘쳐나네.

## 가을엔

휭
청량한 바람 한 자락
여민 옷깃

툭
머리에 쓴 모자 위
떨어진 도톨이

삭
바지런히 단장한 단풍
살포시 물든 붉은 빛

쓱
축제인 듯
춤추는 억새

흠
손잡고 노는 양
가녀린 코스모스

아
흰 구름 흘러가고
파란 꿈 펼쳐진다.

# 겨울

달려 나갈
약속도 없는데

기다려지는
첫눈

은근한 설렘
쌓여버린 추억

동화처럼
소리 없이 펄펄 내리면

들뜸에
터져버린 웃음

수북하게 내려앉은 마음
하얀 동심 한가득

잠시나마
돌아간 순수한 시절

나이 들어도
청순한 미소 빙그레
나를 보고 웃네.

## 희망

허전함 마음속 헤집을 때
계절을 바꿀 양
바람 부는 을씨년스러운 날

몇 잎 안 남은 나무
앙상해지고
거리엔 뒹구는 쓸쓸함

피할 수 없는 외로움
파고든 몸부림
가을은 깊어만 가네

물기 마른 부서진 낙엽
퇴색한 갈색 나무
빠져드는 허무한 나

이제와 어쩌겠나
시간이 안고 가는 순리
새순 돋을 그날
기다릴밖에.

## 수선화

고운 햇살 받아
꽃망울 맺고

결 좋은 바람
웃게 한 수선화

따스한 온도
색채를 더 하네

금잔욱대 내어준
봄 친구들 보며

주름도 고스란히
세월에 담는다.

## 겨울 바다

홀로 찾은 그곳
삭막한 바람
뼛속까지 파고들고
쌓인 냉기
무심한 밀물 썰물
출렁이며
한세월 담아내네

웅장한 네 모습
반한 의연함
조용히 옷깃 여미네
드넓은 겨울 바다
가늠조차 안 되지만
넓고 깊음 배우리
그런 널 또 보러오리

겨울 파도 곡조 삼아
일렁이다 부서진 거품

푸른 외침
닮고 싶은
변함없는 모습
너로 인해 이겨 내리라.

# 가을 나무

바람은 구름 밀어내
파란 빈 하늘 만들고

또 바람은 나무를 휘감아
수북이 쌓아 놓은 낙엽

다시 바람은 나무를 흔든다
내 마음도 흔들린다

텅 비워진 몸
이내
감사와 기쁨이 채워진다.

잎 별어신 나뭇가지에도
또 채워질 새순
마법 같은 시간 묘미.

# 겨울아

꼬옥
창문도 닫고
커튼도 내렸는데

방문도 꼭 닫고
현관문도 꽉 닫고
보일러도 윙윙 켰는데

어디로 왔을까
초대받은 양 찾아온 너
어느새 들어와 있네

제집인 양 들어온 너
이불속까지 따라와
웅크려 자리 잡은 너

그래. 나랑 같이 견뎌보자
네 이름 부르며 사노라면
봄날도 찾아오겠지.

## 제2부

# 괜찮은 오늘

# 나들이

흘러가는 세월
쌓여갈 뿐

동의 없이
나이든 몸

주름 보지 말고
삐걱대는 무릎엔
주름처럼 골패여도

쿵쿵 뛰는 심장
점점 세게 리듬 타네

삼시 멈춘 화산
죽은 게 아니듯

우린
아직 진행 중

힘껏 내딛는
즐거운 발걸음

자주 웃는 웃음소리
모두가 행복.

## 오월 나눔

산바람
바닷바람

부드럽고
달큰한 계절

고운 빛 담아
채워진 따스함

연결된 사랑으로
어우러진 세상

아카시아 향
바람 타고 내게로 오고

길가 돌담 아래
민들레 노랗게 웃네

초록빛 나뭇잎 사이
퍼지는 맑은 햇살

오가는 정으로
행복한 이웃

정겨운 눈길 따라
피어나는 아지랑이
정성으로 나누네.

## 일상

그릇된 길
가지 않게 붙잡아준
올곧은 생각

다툼을
잠재울
부드러운 말

성낼 땐
끝까지
들어주는 귀

토닥토닥
수용히는
겸손한 마음

물처럼
바람처럼
살아갈 우리

따뜻한 시간 속
꿈꾸는 이야기.

# 수다

마음 문 열어
즐거움 안고
기울여 듣는
이야기 나눔

부드러운 눈빛
따스한 목소리
미소 띤 얼굴로
도란도란 속닥속닥

소소한 일상
평화로운 시간
소중한 하루로
채워진 말들.

# 연말 풍경

짧은 시간 놀다 가는
겨울 햇살
늘 아쉬움으로

열두 달 긴 여정
마무리 하려면
턱없이 부족한데

리어카 가득
박스 주워 담은 할머니
노을 속으로 들어가네

지하철 버스에
쏟아낸 많은 사람
초저녁 집으로 집으로

짧은 낮
긴 밤 보내며
꿈꾸는 행복한 미래.

# 그래

나무 위 바람도
까만 밤 햇살까지

흐린 날 구름조차
훤한 낮엔 별들마저

모두 다 쉬어 가네

하루살이 아니잖아

미래 위해
가끔

잠시 멈춤도
괜찮아.

# 12월의 비상 계엄령

순간 일상 무너질까 봐
혼란 무질서 난무할까 봐
어제까지 평범했는데

초겨울 바람 거센 풍파
멈춘 일상 이어질까 봐
어제까지 무탈했는데

국회 앞 도로 모여든 민초들
차곡차곡 평화 위해 한마음
칠흙 같은 어둠 미명 될 때

여섯 시간 지나 해제된 계엄령
민초들 그나마 안도
그대로인 듯 아닌 듯한 일상

이 땅 봄날은
군인 총 탱크 아닌 자연 섭리인 걸
왜 모를까 그들은.

## 이 겨울의 울림

수줍은 소녀 시절
폭발한 계엄령
던져지는 화염병
매운 눈물 주룩주룩
따가운 냄새
폐부를 마비시키듯 맵네


달빛 휘감은 듯
하나둘 눈꽃 휘날리는데
밤하늘 정적 깨듯
선포된 계엄령
소록소록 정 쌓으며
산만한 내 나이 예순에
또

긴긴 겨울밤
다툼하는 위정자

떠난 민심 잡으려
잘못된 선택했네

참된 정치는
국민이 먼저
보장된 평화
안정된 내일이지.

## 울타리


내 마음속엔
보낸 세월만큼
쌓인 온갖 것

모두 비워야지
욕심 원망 미움
다 토했지

채울 때보다
비울 때
아름다워질 테지

자유롭게 살리
좁은 공간 놔시 않게
꿈꾸는 내일

저만큼 살다 보면
집착 허무 공허

담고 싶지 않은 것
또 쌓이겠지

그때 다시 보리
반복될 비움 채움
아름답게 가꿔 보리.

# 멋진 국민

찬바람 몰아쳐도
의지 불태우며
탄핵 외치고

어둠 몰아쳐도
서로 빛이 되어
불 밝힌 외침

장갑차와 밀려온 총 든 군인
맞서는 의연한 의지
국민 주권 부여잡네

투표로 뽑힌 그들
당 권력 지키려고
탄핵 투표 외면하네

어리석은 위정자
모든 권력
국민으로부터 나온다네

더없이 멋진 국민
그만 고생시키고
이제 합심하여
실추된 국격
우뚝 세워 보세.

## 열애 중

산으로 가는 길은 늘 설렘
나를 기다려 주는 초록

안기면 벅차오르고
흥분 가득 내 가슴

흠뻑 땀으로 뒤범벅 되고
부끄럼 잃은 신음과 호흡

오르고 내리는 길
열정 내뿜는 연리지

산은 언제든 또 오라하네
온몸을 뜨겁게 달궈 준다고.

## 소풍 길 친구들

어디서 모인들 어떠리
친구들 함께하니
박장대소 넘치는 즐거움

무엇 한들 어떠리
친구들 함께하니
추억도 현재도 우리뿐인 걸

인생여정 소풍 길
옆 지기 친구들
희로애락 나누네

회색빛 콘크리트 도시
원하는 만큼 웃고 떠드니
소소한 일상 행복으로 남고

노을 속 남겨둔 길
지금처럼 함께하지 않을래.

# 모두의 기쁨

재잘재잘 시끌벅적
꼬마들인 양 웃고 떠들고

물 만난 고기떼처럼
파아란 하늘 아래

선배 후배 그리고 친구들
즐거운 웃음꽃 만발하고

햇살 좋은 푸른 가을날
유년 시절 그리움 안고

만국기 휘날리는 운동장
열정 다해 달려 보네

예쁜 애 씩씩한 애 아니어도
신나고 즐거운 중년 운동회

한 번 더 참고, 한 번 더 웃으며
밝은 미래를 꿈꿨던 우리들

이젠 맛난 도시락 넘치는 수다
이 또한 행복.

# 낙서

칸도 줄도 없는
노트 한 권 편다
잡념들을
생각 없이 쏟아낸다

딱히 정한 목적도
쓰고픈 방향도 없이
썼다 지우고
또 썼다 지운다

머릿속 가득했던
잡념들 빠져나가고
생각을 비우니
훨훨 날아가는 기분

갖고 있던 잡념
다 사라지고
본연의 나를 본다
비로소 내가 된다.

지저분한 집안
진공청소기로 돌린 듯
정리된 내 마음
만끽해 본 상쾌함.

## 불면증


생각 가득 잠 못 드는 밤
창밖 달빛 친구인 양
맑은 얼굴로 눈맞춤 하네

부른다고 냉큼 다가와
온화한 얼굴로
얽힌 그물 풀어주네

뒤척이는 까만 밤
함께해준 너

너로 인해 뒤엉킨 생각
잔잔하게 정리되어
미명인 지금 밀려오는 삼

짧게 잠든 나를 두고
아리게 돌아설 너
스르르 가고 싶은 꿈나라.

제3부

# 꿈꾸는 나에게

## 이정표

잃어버린 길
이제 그만 돌아가자 하시네

흔드는 고갯짓
돌아가기 싫다고 내뱉는 변명

길 위에 서면 또다시
쏟아지는 서러움

갈까 말까 망설이는 길

돌아가자니 너무 많은 욕심
계속 가자니 의미 잃은 길

가늠 안 되는 그곳
슬픔만 남아

지친 삶
눈물 닦아 주시며

헤매는 날
은혜로 감싸 주시네.

# 주님은

변함없는 주님 떠나
세월 흘러 덧없고
지쳐버린 모습

늘 동행하심 외면하고
끝이 없는 길 혼자라
쓸쓸하다 투정하네

항상 손 내미신 주님
두 손 가득 세상 욕심
움켜잡고 뿌리쳤네

유세 떨던 젊음
지식 뽐내던 학벌
욕심으로 모았던 재물

아픔 통해
의미 없음 알게 하시네
덧입혀 주신 은혜로

살아 있는 말씀 주시니
먼저 세상 짐 내려놓고
지난 시간 회개하네

부족하고 죄 많은 삶
하늘 소망 갖게 하네
사랑하는 내 딸아
내 딸이라 하시네.

## 광야의 별빛

천국 소망 갖고
살라 하시는데
미련한 난 거리만 배회하고
무거운 고개 들어
까만 밤만 보네

소망 잃은 광야
깜깜한 밤 방황하네
수많은 별 빛나지만
내 마음속 언약의 별
빛 잃은 침묵

주님 사랑 넘칠 때
초롱하더 눈망울
아이처럼 반짝였지
광야 같은 세상 살며
잃어버린 내 별빛

어두운 세상
참 빛으로 오셨던 주님
떠나실 때
너희는 빛이라 하셨기에
다시금 십자가 바라보며
빛 되길 소망하네

찬바람 광야에
매섭게 몰아쳐도
어둠을 이기시고
생명 빛으로 오신 주님
순종하는 마음으로
나도 빛으로 살아가리.

## 고백

주님 기도할 때마다
주님 음성 듣기 원해요
고백하지 못한 채 숨겨둔
지난날 후회가 고통입니다

내 심장 사이사이 두근거리는 죄
내 감정 모든 후회
흩어진 내 마음 죄의 조각들
눈물로 주님께 고백합니다

내려놓은 고백 깊어질수록
내 몸 파고드는 감동과 희열
주님 내 모든 고백 들으시고
내가 너를 아노라 하십니다

주님 내 인생의 모든 때
최고와 최저를 아시고
선과 악 행한 내 삶 아시니
어디에도 숨길 수 없습니다

눈을 감고 쏟아낸 수많은 고백
내 혈관에 흐르며 감전되듯
온몸 뜨거운 성령으로
온전히 채워진 나를 봅니다

주님은 단지 나를 사랑하심
마음속 감동 속삭임으로
언제든 고백 보따리
마음 놓고 풀어 놓으라 합니다.

## 감사와 기쁨

주님 은혜로 다시 시작
천천히 걸어도 빨리 달려도
이 땅 삶은 나그네 나날

더러는 조금 살기도
또 더러는 오래 살아도
그저 우린 나그네 인생

그래도 주님 섭리 따라
소중한 삶 감사하며
복음 전하며 살라시네

상처 주지 말고 이해하며
남겨진 날을 향기롭게
주어진 삶 기뻐 하라시네

은혜 아니면 살 수 없는 세상
소박하지만 마음은 부자로
삶 속에 나눔 실천 하라시네

믿음 소망 사랑 안고
정다운 이웃들과 오붓하게
감사와 기쁨으로 살아 가라시네.

# 꽃인 줄 알았는데

주님
저는 꽃이라 여기며 살았습니다.
50대 초반 힘 잃고 아플 때
제 마음과 제 선택이 아닌데
그저 꽃이 지는 줄 알았습니다

주님
꽃이 져도 괜찮으려니 했는데
내게 남은 내음은 어떤 향인지
내게 남은 빛깔은 어떤 색인지
꽃답게 살긴 했는지 돌아봅니다

주님
봄 여름 가을 그리고 겨울
또다시 예쁠 수 없는 꽃이
이제야 눈물 속 꽃을 봅니다.
기다릴 내일이 마냥 아닌 걸

주님
일찍이 사랑하는 딸이니
그리스도 향기 전하며
빛과 소금으로 살라 하셨는데
그저 꽃인 줄만 알고 살았네요

주님
이제는 찬란한 빛 아니더라도
이제는 큰 힘 잃었을지라도
주님 마음 전하고 나누는
따스한 사람으로 살고 싶어요.

# 주님 마음

주님 마음으로
감사하다 말하니
감사할 일 생기네

주님 마음으로
사랑한다 말하니
사랑한다 화답하네요

주님 마음으로
웃으면서 말하니
기분 좋아진다 하네요

주님 마음으로
수고했다 말하니
네가 더 수고했다 하네요

주님 마음으로
고운 말을 했더니
고운 마음 되돌아 오네

주님 마음으로
참 기쁨과 감사로
날마다 웃으며 살아가네요.

# 기도

칠흙 같은 삶
빛으로 오신 주

방황은 감사 되어
찬양 넘치네

소망 안고 살아갈 때
동행하신 주님

온 마음 담아
내 주라 고백하네.

## 빌린 시간


신께서 내준 시간
한 조각씩의 하루하루

알 수 없는 유효기간
낯섦은 익숙함 무뎌진 일상

빌려온 원칙 반납은 기본
세월 쌓여 잃어버린 나

마지막 빛
한 줌 흙일진대

소중한 나날
한없는 감사로 남는 지금.

## 골고다 언덕

한 방울
또 한 방울
머리엔 가시 면류관

신음조차 참으시고
뚝뚝 소리 없이
떨어진 거룩한 피

찔린 창 십자가
비난 아닌 후회도 아닌
삼키신 순종의 눈물

무너진 마음 끝
되살아난 기도
아버지 뜻대로 하옵소서

멈춘 듯한 시간
커다란 하늘 울림
그 자리를 떠난 사람들

그 피 그 눈물
성스러운 숨결
세상 모든 죄 감싸셨네

이 땅 어디서든
끝내 포기하지 않았던 사랑
가장 조용한 소망

빛과 소금의 노래로
전파된 복음
기쁨으로 단을 거두리.

# 주 찬양

상한 내 마음 다 아시는

아픔이 준 연약함
홀로 울던 내 눈물
닦아 주시고

다시 허락하신
새로운 나날
날마다 견디게 하시니

그 은혜 깊기만 하네

날마다 순간순간
감사와 기쁨으로 살리
그 크신 사랑 찬양하리

세상 꿈 사라져도
변함없는 사랑

넘치는 은혜

성령으로 채워 주시네.

## 변화

이전엔
'주님 없이 살 수 있다'
큰소리 쳤습니다

나 혼자 잘난 줄 알고
교만했습니다

세상 헛된 일을
마음 가득 품고

다른 사람을 정죄한
죄인이었습니다

이젠
주님의 은혜로 거듭납니다

다른 이를 섬기는
겸손을 알았습니다

헛되고 죄된 마음
다 용서받은
기쁨으로 살아갑니다

하나님과 이웃을
사랑하며 향기 나는
삶을 살아가겠습니다.

## 나의 하루

아침 창가 밝은 햇살
미소로 내게 인사하네

행복한 눈웃음 건네며
내 하루 시작하지

좋아하는 음악 틀고
소박한 아침상 차리네

만나지는 이들과
온정 담은 얼굴로 웃지

거친 숨 몰아 운동하고
건강한 삶을 추구하네

소망 담은 기도드리며
견딤의 기적 감사하지

나만의 일과로
여전히 잘 살아가는 하루
새롭다.

# 지금

한 해 마지막 날 밤
얼어있는 대지
앙상하게 말라버린 나무
일 년의 고단함으로 남네

지난날과 다가오는 날
방황하는 오늘
시간 스침 절정인 찰라

마음속 타고 남은 찌꺼기
버릴 수도 간직할 수도 없는
모든 일 내려놓고

덧없이 가버린 시간
새해가 밝아 오겠지만
우린 어디쯤 살고 있는지

어둠 거쳐 새해 첫날
찬란한 빛
평안하게 펼쳐지길.

## 산책

내딛는 발걸음엔
숨겨진 내일 있고

내디뎠던 발걸음엔
두고 온 추억 있네

미래를 살아갈 내 삶은
설레고 궁금하지만

되돌아보는 삶은
긴 세월만큼 고단했지

무거워진 숫자로 먹은 나이
여유로워진 넓은 마음

앞으로의 삶은
철들어 가는 자식들 보며

미소로 살포시 온 감사와
남겨진 시간 기쁨으로 살리.

# 천국

바람 안고 흐르는 구름
사랑 안고 사는 인생
그리움 안에 고향
아!
그래서 그랬구나
윤슬 빛나는 요단강 넘어
영원한 본향 찾아가네.

## 제4부
# 사랑의 톱니바퀴

# 여름 쉼표

삼복더위 태어난
순둥이와 깍쟁이

출생지도 다르고
성격 환경 다르지만

우연인지 필연인지
운명처럼 만나

원앙처럼 다정하게
아들 둘 낳아

긴 세월 신뢰하며
연인처럼 살아가네

두 손 잡고 떠난 휴가
사랑 담은 선택 이어지고

먼 훗날 추억될 이야기
마음 주머니 속 눌러 담고

행복한 여름 쉼표
여유로운 삶 선물 받네.

# 내 어머니
−치매를 앓다 가신 시어머니 상


햇살 좋은 봄날
단아한 하얀 수의
곱게 차려입고

먼 길 돌고 돌아
님 찾아 편안한
안식처로 가셨네

아홉 살
엄마 잃은 소녀
4남매 어미로
힘겹게 살아낸 세월

모진 시절 잊고 싶어
기억 끈 내려놓은 재
아이처럼 해맑네

어린 시절 보상인 듯
소녀처럼 고운 얼굴

살다 가신 내 어머니
평안하게 영면하소서

## 동행

켜켜이 쌓인 시간
선물 같은 오늘

다가올 미래
설렘과 두려움

구비구비 삶
많은 사연 함께했지

어디만큼 왔는지
언제까지 갈는지

그저 두 손 꼭 잡고
온기 나누며

서로 위안하고
서로 의지하며

같이 사는 기쁨
감사하게 여기며

남은 인생 여정도
함께할 우리.

## 아름다운 사람아
−화천 교통사고로 딸을 잃은 친구에게

아름다운 사람아
뭐이 그리 빨리 간누

다정스런 가족들
헤어짐 인사 없이

예쁜 얼굴 고운 마음
남자친구 보았으면

그리운 편지 열 통 열어
읽어 보았어야지

온 세상 누구보다
어여쁜 딸

슬퍼할 가족들
행복했던 기억 남기고 가네

내일은 우리 시간
아닐지 모르니

사랑과 감사로
살아가라 전하고 가네

이별 아픔 슬픔마저도
인생 속 우리 몫

견딤이 이김 되길
바라는 우리 삶.

# 어머니

지난밤 창문을 여니
아들 대신 함박눈이
사박사박 하얗게 왔네

앙상한 느티 나뭇가지에
하얀 눈꽃 시리게 피었네
지붕 위 쌓인 눈처럼
어머니 그리움도 쌓이네

겨울 나비 나풀나풀
하얀 날개 펼쳐서
늙은 어머니 흰머리 위에
살포시 날아와 앉네

산천초목 모두 하얗고
아들 향한 그리움
눈물 고여 한숨 쉬던
그 마음은 새하얗네.

# 남겨진 금가락지

무수한 세월 따라 퇴색한
상처투성이 모습으로
남겨진 어머니 금가락지

곱게 차려입은 한복 매무새에
동그란 형체로 금빛 반짝이던
아름다운 광채 사라지고

한평생 어머니와 함께한 금가락지
삶의 무게로 야위어진 어머니처럼
크고 작은 흠집들로 가늘어졌네

가슴 가득 난 어머니의 생채기처럼
서러운 자락들로 파인 얼룩 흠집
지나간 세월 흔적 함께 간직한 너

짓눌린 모진 삶 살다 가신 어머니
그 세월 지켜주며 가늘어진 너
아린 여정 보듬어온 금가락지.

## 꿈 찾아 나선 길

내 꿈 글쓰기
코흘리개 초등학교 때
글짓기 대회마다
휩쓸던 상
어렴풋 작가 꿈꾸네

청소년 시절
친구 따라 놓친 글쓰기
대학은 밥벌이 과

먼 꿈 된 이십 대 후반
결혼 그리고 출산
맞벌이 병행

미련 남아 40대
만학으로 마주한 꿈
생업, 또 꿈은 뒷전

청춘도 꿈도
지천명 구비 훌쩍 지나
꿈 찾아 돌아돌아 온 길

하얀 서리 내리니
오호라 이제야
시가 쓰이네
마음 담아
내 삶 노래하리.

# 정

결혼 후
지켜온 나눔들
하루하루
모아모아
하얀 성탄절
따순 마음 나눴지

한 해 두 해 쌓여
벌써 서른네 해
우리 집 전통으로 이어온
작은 선행
쌀 나눔 책 나눔
옷 나눔 반찬 나눔

웃음은 내겐 희망
미소는 남을 배려한 선물
따순 나눔은 서로의 행복.

# 선물

일로 만나 친자매처럼
30여 년 쌓아온 세월

이젠 은은한 화장
밝은 미소조차 닮은 우리

향 좋은 차 한 잔
맛있는 한 상 차림

소풍 같은 인생
함께하니 행복

조용한 미소 말 없는 눈짓
하얀 구름같이 피어나는
긴 이야기

고운 마음
배려와 존중
안겨주는 평안의 선물.

# 병문안

이제 알게 되었네
평범한 소중한 일상
무심히 건넨 토닥임
전해지는 온정과 사랑
잠시 잡아준 손길
침상 속 날 일으킨 힘

이제 알게 되었네
희로애락 모두 내 삶
미소도 떠듦도 화냄도
살아있는 자들 능력
빙그레 건넨 눈웃음
새로운 다짐 꿈꾸는 희망.

# 연인


낮게 내려앉은 잿빛 하늘
이내 떨구는 빗줄기

골목 어귀 빗물 고인 자리
거꾸로 비친 세상

젖은 바람 사이
둘이 함께 우산 하나

체온은 손길로 전해져
따뜻한 두 그림자

내딛는 한 걸음씩
나누어 걷는 작은 빗방울

우산 끝 흐르는 비처럼
마음 가득 흐르는 사랑
둘.

## 내겐

어느 봄날
그대 남긴 말들

한 잎
또 한 잎

비밀스럽게
남겨진 이곳

바람은
눈치 없이 읽지 못하고

햇살은
살짝 웃으며 지워 버리네

눈부신 꽃향기 흩어질 때
작은 속삭임 안고 가듯

손끝 닿는 부드러움
사랑이란 글자로 남아버린
너.

## 노란 꿈

녹슨 레일 따라 작은 풀밭
계절마다 꽃은 피고 지네

한 방향만 바라보고 선
노란 꽃들

철커덩 철커덩
멀리 들릴듯한 소리

떨림 안은 마중
한번도 타 본 적 없는 기차

마음속 설렘 품은 채
그 자리 그곳에 서 있네

오는 비에 젖고
눈 덮여 쌓여도
뽑히지 않는 뿌리

바람결에 날리는
민들레 홀씨처럼

노란 기다림은
꽃의 생명

어쩌면
오지 않을 기차

그래도
다시 피는 순정.

## 제5부
## 헹복 품은 맛

## 겨울 딸기

하얀 눈 쌓인
비닐하우스에
길 잃은 봄이 쏘옥

그 품속에서
발그레한 눈웃음
달콤한 향기로

볼연지 콕콕 찍어
곱게 펴 바르고
수줍게 모였네

새콤달콤한 맛
붉은 향 가득하니
상큼한 첫사랑 맛.

## 호박죽

과수원 두렁에서 자란
커다란 늙은 호박덩이

껍질 벗겨 속 파내고
또각또각 썰어 넣고
모락모락 끓이네

큰 솥 가득 보고픈 그리움
나리꽃처럼 피어오르고
보내온 세월 위로하듯
한 알 한 알 새알도 떠 넣네

옛날엔 시어머니 한 끼 식사였지
매서운 추위 사무치는 정
소중한 노란 추억의 맛
사랑 듬뿍 호박죽 한 그릇.

# 김장

엄청 덥고 길었던 여름
짧은 가을 그냥 스쳐가고
기습 한파 때 이른 폭설

이쯤 되니 숙제 안 한 아이처럼
분주한 마음 시작된 월동준비
씻고 절이고 자르고 다지고

양념통 옹기종기 모아 놓고
커다란 함지박에 채 썬 무 넣고
각종 양념 넣어 골고루 버무려

배추 포기마다 속 넣어
차곡차곡 김치통에 담으니
겨울 반 양식 그득그득
내 마음에 들어앉네

어머닌 몇백 포기 하던 김장
난 절임 배추로 열대여섯 포기

그조차 온 집안은 난리법석
그래도 풍요로운 겨울 마중.

# 뱅쑈

매서운 겨울바람
시린 몸과 마음

시간 결을 담아
느릿하게 변하는 붉은 와인

정향 팔각 향 시나몬
그리고 말린 오렌지

건강한 맛 향긋한 변신
차가운 계절 밀어내는
쌍화차 친구

말 없는 대화
미소로 이어질 때

찻잔 속 향기 진하게 얽히고
마주한 마음 가득한 열기

잔 속 온기 식어갈 무렵
서로를 품어 주는 여운.

# 추설

11월 늦가을 어느 날
단풍잎도 은행잎도
미처 색을 잃기 전에

새하얀 첫눈이 펑펑
온통 폭설로 뒤덮여
성질 급한 겨울이 왔네

하얀 눈 덮힌 사이로
붉고 노란 빛
선명한 나뭇잎들

이젠 추운 초겨울
겨울 지나
또다시 봄이 오고

푸릇한 새싹 움트고
따사로운 햇살 비추면
내 꿈도 푸르게 푸르게
자라 날 테지.

## 겨울밤

맵찬 바람 몰아친 깜깜한 밤
군고구마 호호 불어
쭉 찢은 김치 올려
입안 가득 온통 겨울 맛

군고구마 맛에 팔려
퍽퍽하게 막힌 목
살얼음 동치미로 쑤욱
천생연분 고구마 단짝

긴긴 겨울밤 칼바람에
사랑 찾는 부엉이 울고
그 옛날 아랫목 향수
어린 시절 추억 진한 그리움
날 삼켜 온기로 채워주네.

# 봄

눌러앉아 있던 너
묵직한 발자국 남기고
떠나간 자리
어느새 가벼워진 바람결

스치는 연둣빛
부드러운 젖은 흙
가지 끝마다 숨 고르기
햇살 움켜진 따스한 온기

조심스레 고개 내민 새순
들꽃 올망졸망
비밀스러운 속삭임
밍기적밍기적

가만히 팔 뻗어
내밀어본 손끝
오롯이 스며드는 바람
마중하리 내게 올 희망.

# 가랑비

마법 걸린 계절
징검다리 건너
성큼 다가오는
봄

저 깊은 땅속 뒤틀림
연초록빛 머금고
어린 새싹 풀잎들
움 트이는 기지개

살포시 빗물 방울
내려앉은 몽우리
견뎌낸 꽃샘추위
온몸 가득 떨고 있네

누런 겨울 잔디
싱그러운 연초록
동심으로 돌아간
여린 비 오는 날.

# 춘설

새벽녘 소리 없이
내려앉은 한숨

봄이 오는 길목
거짓말처럼 쌓이는 미련

연둣빛 새순 위
녹아내린 눈망울

꽃망울 속 피지 못한 봄
다시 움츠리네

오래 머물지 못한 채
바람 한 점 휘잉 부서져 흩날려

이내 녹아 흐르는 물소리
한 걸음 성큼 다가올 봄.

# 봄맞이

햇살 고운 손짓
연둣빛 새싹으로
수줍게 고개 쏘옥

졸졸 노래하는 개울
윙크하는 물매화
흐르는 물 반짝반짝

솜사탕처럼 몽실몽실
봄바람 탄 구름
나뭇잎 간지르네

활짝 웃는 세상
어린아이 눈웃음처럼
시작되는 새로움.

## 벚꽃 나무 아래

수백 수천 작은 나비 떼
진하고 연한 분홍 잎들

하늘에 닿을 듯 서 있는 나무들
길게 한숨 몰아쉴 때

황홀하게 내려앉은 꽃잎들
어쩌면 한꺼번에 날아오르는 군무

어느 봄날
누군가 두고 간 기억

흩날리는 추억 조각
사라질듯한 분홍빛 체온

꽃잎 잡아보려 뻗은 손
공기 속으로 녹아든 향기

발끝 차인 꽃잎 밟으며
꿈꾸는 화사한 내 인생
봄날.

# 칼바람

소슬바람 따라서
찾아온
너

여민 옷 속 내 마음
세월 가린
화장한 얼굴 위로

유감없이 부는
매서운 기세로 달려와도
많이 원망하지 않으리

그저 계절 따라
순응하는
네 열정 배우리

오래오래 간직한 채
다음에 또 올
봄바람 기다리리.

# 시

이름 없는 새벽
스쳐간 비

갈 곳 잃은
어둠 속 단어 하나

촉촉한 숨결로
종이 위에 눕고

바람 끝 운율
길어진 기다림

작은 떨림
소리 없는 노래.

# 몽돌

어제 그리고 오늘
늘 그랬지

다듬어진 모서리
자랑질

닮은 듯
닮지 않은

둥글어진
모습

밀물 썰물
거친 삶의 고개

나도 뒹굴
너도 뒹굴

또
그렇게

닳고 닳는
미완성 인생.

# 짝사랑

이유 없는 바람
묻지 않고 흐르는 강

님께 가는 마음
그냥 좋은 너

내 이름 부르면
작은 파문 가득 일고

은은한 미소
꽃잎처럼 가벼워진
하루

몽글몽글 힌 구름
파란 하늘 채우듯

뻥 뚫린 속내
그저 님이라 좋은 마음

만개한 벚꽃처럼
까만 밤 은하수처럼

두근두근 뛰는 심장
어쩜 사랑일까요?

# 재물

쉴 새 없이
모아모아 꿀단지 되었네

정작
먹어 보지 못한 벌 한 쌍

이내
빼앗아간 사랑

동분서주
쌓아둔 열정

아껴 둬도
쓰는 곳 따로 있네

남겨 둔들
쓴 만큼 내 몫이지.

# 짐

정상에 오르려
지고 가는 무게
정말 무거워
내버릴 수 없어
메고 간 배낭
선물로 남았네

삶 속
가득한 짐 꾸러미
살다 보면
버거운 것 투성이
견뎌내니
홀가분한 일상.

# 마음의 창

잠시 멈춘 말
눈으로 나누는 마음

어떤 날엔
온기 담긴 찻잔 같은 눈빛

또 어떤 날엔
손끝마저 얼어 버린 눈

조용한 입술
오가는 수천 개의 단어

침묵조차 너무 많은 말이기에
창밖 나뭇가지 고개 떨구네

메아리보다 무서운
허공에 머문 시선

문 없이 넘나드는 눈빛
지켜야 할 나 아닌
나.

# 추억

뭔가 지나가면
으레 남는 흔적
시간 흘러
딱정이 속 아쉬움

살다 보면
멍든 고달픈 영상
된 일 기쁜 일 절망 희망
모두 빛바랜 모음

어쩌면
따뜻한 온도로
오랜 시간
빚어낸 질그릇 같은

이젠
여유로운 바람 소리로
싱그러운 초록
담고 싶은 자연 속에 남는
움트는 오늘.

■ 최은희 시인의 시 세계

# 독자를 행복하게 해주는 영성시

유한근
문학평론가 · 전 SCAU 교수

　최은희는 오래전 종합문예지 《한국문인》에 수필로 등단(2008년)한 작가이다. 그리고 수필집 《나의 삶의 이야기》도 펴낸 중견작가이기도 하다. 그리고 《인간과문학》 통권 51호에 시로 등단한 시인이기도 하다. 시인으로 등단 절차를 갖지 않아도 됨에 불구하고 굳이 등단한 것은 문단의 질서를 지키기 위한 작가정신 때문일 것이다.
　필자는 그 등단 시 심사평 〈밝은 영성과 감각적 지평〉에서 이렇게 그의 시 세계를 말한 바 있다. "최은희 시를 관통하고 있는 것은 시적 대상을 바라보는 긍정적인 밝은 시각이다. 이는 그가 가지고 있는 영성하고도 깊은 관계가 있는 것으로 보인다. 시인의 신앙적인 영성이 우리 사회와 삶보다는 밝고 맑기 때문에 시적 대상을 바라보는 사물이나 사상事象 그리고 사람에 대한 인식이 긍정적일 수밖에는 없을 것이다./단언하기에 어려움이 있지만, 휴머니즘을 신봉하고 있는 문학은 반종교적이다. 그래서 기독교 시에 대한 경계가 상존한다. 지나친 신앙 고백적인 시가 반문학적이라는 인식 때문이다. 그럼에도 불구하고 이러한 위험성을 감수하고 최은희 시는 다분히 기독교 신앙적인 성향이 강하다. 그래서 그의 시가 밝은 것이다. 긍정적인 성향을 유지하고 있는 것으로 보아도 좋을 것이다. 이번에 최은희의 추천 당선 시 5편 중 기독교 시는 〈이정표〉와 〈빌린 시간〉이다. 신앙 고백적인 이 2편의 시는 시인의 깊은 신앙 고백이 극도로 절제된 시들이다. 시 〈이정표〉에서는 서러움과 방황을 '이정표'라는 신앙의 힘으로 극복해주고 있고, 시 〈빌린 시간〉에서는 신으로부터 받은 생명과 시간을 감사로 절제하는 미학을 보여주고 있다는 짐에서 주목했나./그리고 시 〈숙제처럼〉, 〈호박죽〉, 〈여름 쉼표〉에서는 가족 모티프를 참신하고 젊은 감각으로 표현하고 있다는 점에서 주부의 전유물처럼 되고 있는 가족 모티프를 감각적 지평으로 제시해주고 있다는 점에서 작가 최은희의 시를 추천하여 당선작으로 결정한다."가 그것이다. 이런 맥락에서 최은희 시의 시 세계를 탐

색하려 한다,

## 1. 영성적 상상력과 인본적 상상력

시인에게 있어서 영성(spirituality)은 감성적 인식이나 이성의 세계를 초월하여 우주적 본질과 만나게 하는 힘이다. 사람과 자연 그리고 우주와의 합일된 체험과 그 본질의 소리, 신의 음성까지 들을 수 있는 영적인 신비한 체험을 가능하게 하는 종교적인 상상력이다. 그 힘은 인간의 삶 속에서 파생되는 잡다한 것들을 성스럽게 하는 힘을 지닌다. 그리고 그것은 우주에 존재하고 있는 것을 소통하게 하는 신성이다. 영혼이 밝은 시인이다. 영혼의 기독교적인 의미는 '신령하여 불사불멸하는 정신'이다. 성서에서 영혼이라는 말은 인간의 생명이나 인격 전체를 의미한다. 그리고 인간의 가장 내밀하고 가장 가치 있는 것을 가리킨다. 특히 인간의 영적 근원을 의미한다. 따라서 인본적인 상상력을 가능하게 한다.

이러한 시적 상상력의 과정을 최은희 시에서 찾을 수 있을 것이다. 등단 시인 〈이정표〉와 〈빌린 시간〉에서도 탐색되지만, 여실히 드러나는 시는 〈광야의 별빛〉이다.

　　천국 소망 갖고/살라 하시는데/미련한 난 거리만 배

회하고/무거운 고개 들어/까만 밤만 보네//소망 잃은 광야/깜깜한 밤 방황하네/수많은 별 빛나지만/내 마음속 언약의 별 /빛 잃은 침묵//주님 사랑 넘칠 때/초롱하던 눈망울/아이처럼 반짝였지/광야 같은 세상 살며/잃어버린 내 별빛//어두운 세상/참 빛으로 오셨던 주님 /떠나실 때/너희는 빛이라 하셨기에/다시금 십자가 바라보며/빛 되길 소망하네//찬바람 광야에 /매섭게 몰아쳐도/어둠을 이기시고 /생명 빛으로 오신 주님/순종하는 마음으로 /나도 빛으로 살아가리.
　－시 〈광야의 별빛〉 전문(*행과 연 갈이 조정은 필자)

　이 시를 읽으면 이스라엘 백성이 모세를 따라 출애굽하여 가나안에 가기까지 40여 년 동안 광야에서 방황했던 구약 성경이 떠오른다.(출애굽기, 신명기, 민수기 등 참고) "까만 밤만 보네//소망 잃은 광야/깜깜한 밤 방황하네/수많은 별 빛나지만/내 마음속 언약의 별/빛 잃은 침묵//주님 사랑 넘칠 때/초롱하던 눈망울/아이처럼 반짝였지/광야 같은 세상 살며/잃어버린 내 별빛//어두운 세상/참 빛으로 오셨던 주님"이 그것이다. 시인이 이 시에서 이 시대를 표상하는 시어 '광야'와 시인이 소망하는 시어 '빛'과 '별빛' 그리고 '생명 빛'이 의미하는 바 종교적 소망을 기다리고 신앙 고백적인 기도 시로서 그 전형을 보여주고 있어 최은희 시인은 기독교 시인으로서의 면모를 확실히 보여준다. 한편 시 〈천국〉에서는 시인의 본향을 "윤슬 빛나는 요단강 넘어"로 인식한다.

바람 안고 흐르는 구름
사랑 안고 사는 인생
그리움 안에 고향
아!
그래서 그랬구나
윤슬 빛나는 요단강 넘어
영원한 본향 찾아가네.

누구에게나 고향을 그리워하는 마음이 있다. 자신이 태어나 유년 시절을 정다운 친구와 지냈던 그 원체험 공간이 고향이고 본향이다. 그래서 그 고향의 그리움으로 사는 사람이 많다. 그런데 최은희 시인의 "그리움 안에 고향"을 "윤슬 빛나는 요단강 넘어/영원한 본향"으로 인식하고 그곳으로 "찾아가네"를 노래한다. 그래서 그의 일상은 시 〈일상〉에서 이렇게 토로한다. "그릇된 길/가지 않게 붙잡아준/올곧은 생각//다툼을/잠재울/부드러운 말//성낼 땐/끝까지/들어주는 귀//토닥토닥/수용하는/겸손한 마음"을 갖고 하루하루를, 일상을 꿈꾸며 살기를 원한다. 그래서 "물처럼/바람처럼/살아갈 우리"가 되어 "따뜻한 시간 속 /꿈꾸는 이야기"를 만들고 싶어한다.

잃어버린 길
이제 그만 돌아가자 하시네

흔드는 고갯짓

돌아가기 싫다고 내뱉는 변명

길 위에 서면 또다시
쏟아지는 서러움

갈까 말까 망설이는 길

돌아가자니 너무 많은 욕심
계속 가자니 의미 잃은 길

가늠 안 되는 그곳
슬픔만 남아

지친 삶
눈물 닦아 주시며

헤매는 날
은혜로 감싸 주시네.

-시 〈이정표〉 전문

  위 시 〈이정표〉는 전형적인 신앙 고백시이다. 주님에게 자신의 마음을 토로하는 고백시이다. 이정표는 갈림길에 방향을 알려주기 위해 서 있는 표지판이다. 어떤 일이나 목적의 기준이기도 하다. "잃어버린 길/이제 그만 돌아가자"는 기준도 이정표이다. 이 시에서의 이정표는 이것이다. 그리고 그 외의 시 구절들은 서정적 자아 혹은, 시적 자아인 시인의 마음을 고백한 것들이다. "흔드는 고갯짓/돌아가기 싫다고 내뱉는 변명"하는 것도, "길 위에 서면 또다시/쏟아지는 서러움"에 대한 고백. "갈까 말까 망설이는 길/돌아가자니 너무 많은 욕심/계속 가자니 의미 잃은 길"이라는 인식도 시적 자아의 인식이다. 그것을 "가늠 안 되는 그곳/슬픔만 남아//지친 삶/눈물 닦아 주시며//헤매는 날/은혜로 감싸 주"는 존재는 절대자이다. 시적 자아가 신앙으로 섬기는 존재이다. 그래서 이 시를 신앙 고백적인 시로 분류하게 된 것이다.

앞서 필자는 영성을 설명하면서 "신의 음성까지 들을 수 있는 영적인 신비한 체험을 가능하게 하는" 것이 종교적인 상상력이며, "그 힘은 인간의 삶 속에서 파생되는 잡다한 것들을 성스럽게 하는 힘을 지닌다."라고 언급한 바 있다. 이 시 〈이정표〉에서 보듯이 그 앞에서 방황하는 영혼을 성스럽게 하는 힘이 종교적 상상력임을 이 시는 보여주고 있어 주목된다.

## 2. 그리움의 정체

신앙인에게 있어 그리움의 대상이 절대자라고 할 때, 자연인으로서 혹은 시인에게 있어 그리움의 보편적 대상은 '어머니'일 것이다. 최은희 시인에게 있어서도 예외는 아니다. 그리고 어머니를 확대하면 고향과도 같은 가족과 친구들일 것이다.

> 지난밤 창문을 여니
> 아들 대신 함박눈이
> 사박사박 하얗게 왔네
>
> 앙상한 느티 나뭇가지에
> 하얀 눈꽃 시리게 피었네
> 지붕 위 쌓인 눈처럼
> 어머니 그리움도 쌓이네
>
> 겨울 나비 나풀나풀
> 하얀 날개 펼쳐서
> 늙은 어머니 흰머리 위에
> 살포시 날아와 앉네
>
> 산천초목 모두 하얗고
> 아들 향한 그리움
> 눈물 고여 한숨 쉬던
> 그 마음은 새하얗네.
>
> —시 〈어머니〉 전문

 시적 화자인 최은희 시인은 이 시에서 자신의 어머니와 자신 그리고 아들을 등장시켜 그리움의 정체를 함박눈으로, 흰색 이미지로 형상화하고 있다는 점에서 주목된다. 이 시의 첫 연에서 지난밤 하얗게 내린 함박눈은 아들 대신 왔다는 인식. 이 인식은 아들에 대한 그리움을 증대시킨다. 그리고 2연에서는 한편 느티나무에 쌓인 눈을 어머니의 그리움으로 형상화한다. 그리고 3연에서는 그 눈을 "겨울 나비 나풀나풀/하얀 날개 펼쳐서/늙은 어머니 흰머리 위에/살포시 날아와 앉"는 눈으로 치환한다. 마지막 연 4연에서는 이를 총체적으로 "산천초목 모두 하얗고/아들 향한 그리움/눈물 고여 한숨 쉬던/그 마음은 새하얗"고 그리움까지 흰색 이미지로 형상화한다. 어머니에 대한 그리움을 시인은 흰색 이미지로 형상화하는 작업을 이에 그치지 않고 '치매를 앓다 가신 시어머니 상'이라는 부제의 시 〈내 어머니〉에서는 '하얀 수의'와 '해맑은 미소'로 형상화한다.

> 햇살 좋은 봄날
> 단아한 하얀 수의
> 곱게 차려입고
>
> 먼 길 돌고 돌아
> 님 찾아 편안한
> 안식처로 가셨네
>
> 아홉 살
> 엄마 잃은 소녀
> 4남매 어미로
> 힘겹게 살아낸 세월

모진 시절 잊고 싶어
　　기억 끈 내려놓은 채
　　아이처럼 해맑네

　　어린 시절 보상인 듯
　　소녀처럼 고운 얼굴
　　살다 가신 내 어머니
　　평안하게 영면하소서
　　 – 시 〈내 어머니–치매를 앓다 가신 시어머니 상〉 전문

　이 시는 위에서 보듯이 기원시이다. 그 기원의 발상은 이 시의 첫 연 두 행 "햇살 좋은 봄날/단아한 하얀 수의"로 시작한다. 그리고 이를 "아홉 살/엄마 잃은 소녀/4남매 어미로/힘겹게 살아 낸 세월"이라는 시 행간 속에 숨겨진 이야기로 풀어냈다가 결말에 이르러 그 "모진 시절 잊고 싶어/기억 끈 내려놓은 채/아이처럼 해맑"은 고운 얼굴로 평안하게 영면하시라고 기원한다.
　그러나 시 〈남겨진 금가락지〉에서는 금가락지의 금색 이미지로 형상화하여 보여준다.

　　무수한 세월 따라 퇴색한
　　상처투성이 모습으로
　　남겨진 어머니 금가락지

　　곱게 차려입은 한복 매무새에

동그란 형체로 금빛 반짝이던
아름다운 광채 사라지고

한평생 어머니와 함께한 금가락지
삶의 무게로 야위어진 어머니처럼
크고 작은 흠집들로 가늘어졌네

가슴 가득 난 어머니의 생채기처럼
서러운 자락들로 파인 얼룩 흠집
지나간 세월 흔적 함께 간직한 너

짓눌린 모진 삶 살다 가신 어머니
그 세월 지켜주며 가늘어진 너
아린 여정 보듬어 온 금가락지.
     - 〈남겨진 금가락지〉 전문

  금가락지로 어머니의 삶을 표상하고 있는 이 시의 키워드는 '크고 작은 흠집' '생채기' '얼룩 흠집'이다. "서러운 자락들로 파인 얼룩 흠집"이다. 모진 삶을 살았던 우리 어머니를 표상하는 이미지들이다. 곱게 차려입은 한복에 어울리는 아름다운 광채의 금가락지가 "삶의 무게로 야위어진 어머니처럼" 그리고 "가슴 가득 난 어머니의 생채기처럼/서러운 자락들로 파인 얼룩 흠집/지나간 세월 흔적"과 "짓눌린 모진 삶 살다 가신 어머니"을 함께 간직하고 있다는 인식이 어머니에 대한 사모하는 마음을 극대화시켜 준다. 그러나 결

말 부분에 이르러 "그 세월 지켜주며 가늘어"졌지만 "아린 여정 보듬어 온 금가락지"라고 긍정적으로 인식하며, '너'로 의인화하고 있다는 점에서 시인의 시적 대상인 사물에 대한 인식의 한 단면을 엿보게 된다.

## 3. 쓸모없음과 모호성(Ambiguity)의 시학

최은희 시인은 시 〈꿈 찾아 나선 길〉에서 자신의 문학의 길을 시적 양식으로 진솔하게 형상화한다. "내 꿈 글쓰기/코흘리개 초등학교 때/글짓기 대회마다/휩쓸던 상/어렴풋 작가 꿈꾸네"라고 노래하면서, "청소년 시절/친구 따라 놓친 글쓰기/대학은 밥벌이 과//먼 꿈 된 이십 대 후반/결혼 그리고 출산/맞벌이 병행"하다 보니 문학에 대한 꿈을 잠시 내려놓았다가, "미련 남아 40대/만학으로 마주한 꿈 /생업, 또 꿈은 뒷전//청춘도 꿈도/지천명 구비 훌쩍 지나/꿈 찾아 돌아돌아 온 길"이었음을 노래한다. 그리고 이 시의 마지막 연에서 "하얀 서리 내리니/오호라 이제야 /시가 쓰이네/마음 담아/내 삶 노래하리"(시 〈꿈 찾아 나선 길〉 전문)라고 다짐한다.

그리고 한편으로는 자신의 시에 대한 견해를 시 〈시〉라는 제목으로 노래하고 있다. "이름 없는 새벽/스쳐간 비//갈 곳 잃은/어둠 속 단어 하나//촉촉한 숨결/종이 위에 눕고//바람 끝 운율/길어진 기다림"이라는 심플한 시어와 이미지로 시의 기본 요소인 시어와 운율과 이미지를 행과 연으로 구성된 시 양식으로 노래하면서, 끝 연에서 "작은 떨림/소리 없는 노래."(시 〈시〉 전문)를 꿈꾸고 있음을 노래한다. 이 시는 시인의 에스프리이기도 하지만 시에 대한 문학예술 양식을 환기하기 위한 시라고 할 수 있을 것이다.

이에 따라 최은희 시인은 시 〈마음의 창〉에서 자신의 시심詩心을 시로 형상화해 보여준다. 자신의 시심을 시적 대상으로 설정해놓고 노래하는 시인의 시를 필자는 여태 본 적이 없다. 그런 점에서도 이 시는 주목된다.

> 잠시 멈춘 말
> 눈으로 나누는 마음
>
> 어떤 날엔
> 온기 담긴 찻잔 같은 눈빛
>
> 또 어떤 날엔
> 손끝마저 얼어버린 눈
>
> 조용한 입술
> 오가는 수천 개의 단어
>
> 침묵조차 너무 많은 말이기에
> 창밖 나무마저 고개 떨구네

메아리보다 무서운
허공에 머문 시선

문 없이 넘나드는 눈빛
지켜야 할 나 아닌
나.

— 시 〈마음의 창〉 전문

 이 시를 통해서 볼 때 최은희 시인의 시적 대상을 바라보는 시선은 위의 2, 3연 "어떤 날엔/온기 담긴 찻잔 같은 눈빛"과 "또 어떤 날엔/손끝마저 얼어버린 눈"이 그것이다. 이 시의 시각은 시인의 인간과 세상을 바라보는 시선과 다르지 않다. 그러나 그 속에서 시인은 이 시의 1연에서의 "잠시 멈춘 말/눈으로 나누는 마음"과 "조용한 입술/오가는 수천 개의 단어"을 탐색한다. 그뿐만 아니라 "침묵조차 너무 많은 말이기에" 그것도 놓치지 않는다. 침묵도 그 자체 언어이다. 침묵 속에는 말이 함유되어 있기 때문이다. "눈으로 나누는 마음"이 있기 때문이다.

 그러나 최은희 시인이 이보다 더 중요하게 인식하고 있는 것은 이 시의 6, 7연 "메아리보다 무서운/허공에 머문 시선"과 "문 없이 넘나드는 눈빛/지켜야 할 나 아닌/나."임을 이 시는 환기하고 있다. 여기에서 환기하고 있는 '허공의 시선'은 윌리엄 엠슨의 모호성(Ambiguity)의 시학에 의하면, 문학적 영감일 수도 있고, 앞서 언급된 종교적인 영성일 수도 있다. 그러나 여기에서 더 주목되어야 할 시어는 "지켜야 할 나 아닌/나."라는 특별한 존재이다. 이 또한 이 시를 읽는 사람들에 따라서 다르게 이해할 수 있을 것이다. 앰비규티 시학에 의해서.

하지만 최은희 시인이 시를 생각하는 마음을 엿볼 수 있는 다른 시편은 〈수다〉이다. '수다'의 사전적 의미는 "쓸데없이 말수가 많음, 또는 그런 말"이다. 불효용성의 부정적인 언어이다. 그것을 시적 대상에 놓고 최은희 시인은 마음의 문을 연 언어로 인식한다. 마지막 연의 "소소한 일상/평화로운 시간/소중한 하루로/채워진 말들"로 인식한다. 어쩌면 시인은 시를 '수다'의 언어로 인식하고 있는지도 모른다.

마음 문 열어
즐거움 안고
기울여 듣는
이야기 나눔

부드러운 눈빛
따스한 목소리
미소 띤 얼굴로
도란도란 속닥속닥

소소한 일상
평화로운 시간
소중한 하루로

채워진 말들.

- 시 〈수다〉 전문

  시인은 '수다'를 다분히 긍정적인 언어로 위의 시에서 인식하고 있다. 1연에서는 "마음 문 열어/즐거움 안고/기울여 듣는/이야기 나눔"으로 인식하고 있으며, 수다의 감각적 이미지를 "부드러운 눈빛/따스한 목소리/미소 띤 얼굴로/도란도란 속닥속닥"으로 시각적, 청각적인 이미지로 표현하고 있다. 그리고 마지막 연에서 수다를 "소소한 일상/평화로운 시간"으로 하며 소중한 하루를 꽉 채울 수 있는 언어로 인식한다. 이는 문학의 외곽 사람들이 시를 생각하는 마음과는 반대의 견해이다. 쓸모없음의 수다가 아니라 쓸모 있음의 시를 환기하는 시이기 때문이다.

  최은희 시인은 시 〈여름 쉼표〉라는 시에서 "삼복더위 태어난/순둥이와 깍쟁이"이라는 별명의 특별한 존재(시인에게는 자식과도 같은)가 연인처럼 두 자식을 낳고 살아가다가 휴가를 떠나 사상事象을 "사랑 담은 선택 이어지고//먼 훗날 추억될 이야기/마음 주머니 속 눌러 담고//행복한 여름 쉼표/여유로운 삶 선물"을 받은 것으로 표현했듯이 문학을, 시를 행복한 선물로, '여름 쉼표'로 인식하고 있을 때 우리 모두에게 행복을 주는 위안이 된다. 문학은 우리에게 위안이 되어야 한다. 유토피아를 꿈꾸게 해야 한다. 척박한 사회에서는 더욱더 그러해야 한다.

필자는 이 글의 서두에서 "최은희 시를 관통하고 있는 것은 시적 대상을 바라보는 긍정적인 밝은 시각이다. 이는 그가 가지고 있는 영성하고도 깊은 관계가 있는 것으로 보인다. 시인의 신앙적인 영성이 우리 사회와 삶보다는 밝고 맑기 때문에 시적 대상을 바라보는 사물이나 사상事象 그리고 사람에 대한 인식이 긍정적일 수밖에는 없을 것이다"라고 말한 바 있다. 이러한 최은희 시인의 마음이 우리를 행복하게 해줄 것이다. 그리고 우리 모두를 위로해 줄 수 있다. 그가 무엇을 시적 대상으로 설정하든지 간에 그의 시는 우리 모두에게 '여유로운 삶의 선물'이 되어 줄 것이다. 이를 위해서라도 그의 영성은 깊어져야 할 것이다.

빛나는 시 100인선 · 097
최은희 시집

# 이정표

초판 인쇄 | 2025년 8월 30일
초판 발행 | 2025년 9월 02일

지은이 | 최 은 희
펴낸이 | 서 정 환
펴낸곳 | 인간과문학사

주 소 | 서울특별시 종로구 삼일대로 30길 21, 종로오피스텔 714호
전 화 | 02)742-5875, 063)275-4000
등 록 | 제300 2013-10호
E-mail | inmun2013@hanmail.net

값 13,000원

ISBN 979-11-6084-257-9 04810
ISBN 978-89-969987-4-7 (세트)

* 저자와 협의하여 인지는 생략합니다.
* 잘못된 책은 바꿔 드립니다.

Printed in KOREA